Von Werner Hüper sind außerdem erschienen:

Die junge Frau mit Körbchen C ....
und die ganze Welt in Versen
ISBN: 9783734752872
*

Golf – Terrassengespräche
Berichte vom 19. Loch
ISBN: 9783734761454
*

Falsche Freunde
Kriminalroman
ISBN: 9783738616743

Werner Hüper

Vom Kreißsaal
bis zum
Alterssitz

Ein Leben in Versen

Impressum:

Bibliografische Information der Deutschen
Nationalbibliothek:

Die Deutsche Nationalbibliothek verzeichnet diese
Publikation in der Deutschen Nationalbibliografie;
detaillierte bibliografische Daten sind im Internet
über www.dnb.de abrufbar.

© 2015 Werner Hüper

Herstellung und Verlag: BoD – Books on Demand,
Norderstedt

ISBN: 9783738646801

Vorwort:

Vom Kreißsaal bis zum Alterssitz,
das Leben ist bestimmt kein Witz.
Die Jahre halten viel bereit,
allzu oft zur falschen Zeit.
Deshalb empfiehlt euch der Autor:
Viel besser geht es mit Humor!

Konzentration auf schöne Sachen,
die täglich so viel Freude machen!
Ihr müsst die Miesepeter meiden,
die können sich doch selbst nicht leiden.
Genießt lieber zu allen Zeiten
des Lebens wundervolle Seiten!

***

Inhalt   Seite

Inhalt   Seite

8

Die Zeugung

Normalerweise gibt's ein Kind,
wenn Frau und Mann zusammen sind
und der Mann die Frau begattet,
sofern sie diesen Akt gestattet.

Will sie auf den Mann verzichten,
lässt es sich noch anders richten.
So kann sie auch zum Doktor laufen
und sich 'ne Samenspende kaufen.

Und will sie schonen ihren Bauch,
geht's mit fremden Bäuchen auch.
Sie kann eine andre fragen:
„Willst du nicht mein Kind austragen?"

Werden die Zellen eingefroren,
wird das Kind später erst geboren.
Wer hätte jemals sich gedacht,
dass Wissenschaft das möglich macht?

Darf man alles, was man kann?
Gibt es Grenzen dann und wann?
Ist Verzicht auf das Gewissen
ein allzeit gutes Ruhekissen?

***

Im Kreißsaal

Im Kreißsaal geht das Ganze los,
der Säugling denkt, wo bin ich bloß?
Dies also ist das Licht der Welt?
So hab ich's mir nicht vorgestellt.

Bisher war es feucht und warm,
nun bei dieser Frau im Arm,
frischer Luft und hellem Licht,
diese Welt gefällt mir nicht.

Bis ich hier gelandet bin
war ich ganz woanders drin.
Um zu wechseln diesen Ort
quält man mich in einem fort.

Nachdem ich die Tortur geschafft,
werd' ich von allen angegafft.
Mein erster Schrei ist laut zu hören,
doch scheint das niemanden zu stören.

Im Gegenteil, man ist wohl froh.
Bleibt das auch in Zukunft so?
Denn ich werde öfter brüllen
und damit ganze Häuser füllen.

Wer sind die Leute hier am Bett?
Dieser Besuch ist ja ganz nett,
nur der Zeitpunkt nicht der beste
für so viel unbekannte Gäste.

Es ist wohl Klinikpersonal,
das versammelt ist im Saal.
Doch wer ist dieser junge Mann,
der vor Glück kaum atmen kann?

Ich denk, es wird mein Vater sein
und platze in sein Leben rein.
Ahnt er, was ich jetzt schon glaube,
dass ich bald den Schlaf ihm raube?

***

Hellblau oder rosa?

Wäsche in rosa oder blau?
Man wusste es noch nicht genau.
Früher war es nicht bekannt,
Eltern waren sehr gespannt.

Heute weiß man lange schon,
was da kommt, ist unser Sohn.
Kauft die Wäsche vorher ein,
hellblau wird schon richtig sein.

***

Als Säugling zu Hause

Die Klinikzeit ist jetzt vorbei,
nun kommt das täglich Einerlei.
18 Stunden brauch ich Schlaf,
dann bin ich besonders brav.

Aber wenn ich trinken will,
bleibe ich nicht lange still.
Die Ruhe ist spontan vorbei,
unüberhörbar mein Geschrei.

Durst ist eine große Qual.
Brust oder Flasche, ganz egal,
sofort ist meine Mahlzeit dran,
sonst zeige ich, wie laut ich kann.

Es gibt viele Flaschenkinder,
doch sind die anderen gesünder.
Außerdem habe ich mehr Lust
beim Stillen an der Mutterbrust.

Ist mein Magen endlich voll,
find ich das Leben wieder toll.
Schlafe auch zufrieden ein,
doch das wird nicht lang so sein!

***

Die Windeln

Außer schlafen und Milch trinken
beliebe ich auch mal zu stinken.
Volle Windeln riechen eben,
so ist nun mal das Babyleben.

Wenn Babys ihren Darm entleeren,
kann man die Windeln nicht entbehren.
Den Müttern macht das wenig aus,
für Väter ist das oft ein Graus.

***

Taufe

Wenn Eltern in der Kirche sind,
gilt das meistens auch fürs Kind.
Du kannst das leider nicht entscheiden,
die Kirche möchte das vermeiden.
Denn erst wenn du viel älter bist,
empfindest du vielleicht als Christ.

Du wirst getauft in Gottes Namen,
auch Heuchler zu der Feier kamen.
Katholisch oder Protestant,
oft hängt es ab vom Bundesland.
Bist im Norden du geboren,
hat der Vatikan verloren.

Evangelisch bist du dann
bevor dein Lebensweg begann.
Die Kirche hat ein Schäfchen mehr
und kalkuliert mit dir schon sehr.
Du bist der Kirche lieb und teuer,
man hofft auf deine Kirchensteuer.

Christlich wirst du nun erzogen,
d.h., du wirst sehr oft belogen.
Die Kirche taugt als Vorbild selten,
denn sie lebt in anderen Welten.

Was sie täglich uns verkündet
und mit Christentum begründet,
entspricht nicht dem, was sie selbst tut,
um das zu sagen, braucht man Mut!

***

Das Kind sagt Mama

Viel Freude macht das neue Kind,
und wie die Eltern meistens sind,
hoffen sie, dass es bald spricht,
doch lange Zeit tut es das nicht.

Und irgendwann ist es soweit,
nun scheint das Baby wohl bereit,
es will die Eltern etwas fragen,
doch es kann nur „Mama" sagen.

Den Vater hat das wohl getroffen,
er kann jetzt nur noch weiter hoffen.
Es ist klar, dass er sich fragt,
wann das Kind wohl „Papa" sagt.

***

Die ersten Schritte

Für Babys mag es schwierig scheinen,
die Großen laufen auf zwei Beinen.
Ich halt es lieber mit den Tieren
und krabbele auf allen Vieren.

Diese Gangart reicht mir noch,
auf diese Art gelingt mir doch
viele Dinge anzufassen.
Was oben ist, muss ich noch lassen.

Später möchte ich noch mehr,
denn es interessiert mich sehr,
was so auf den Tischen liegt
und wie man Süßigkeiten kriegt.

Auch möchte ich mal ausprobieren,
wie öffnet man die Wohnungstüren.
An all die Dinge komm ich ran,
wenn ich erstmal laufen kann.

Bisher geht es noch nicht gut,
es erfordert immer Mut,
denn wenn ich endlich einmal steh,
tut es kurz danach gleich weh.

Noch hält mich meine Mama fest,
doch wenn sie mich alleine lässt
und ich endlich aufrecht bin,
falle ich gleich wieder hin.

Ich muss mich zum Training zwingen,
doch irgendwann wird es gelingen,
dann werd ich auf zwei Beinen stehen
und auch wie Erwachsene gehen.

***

Im Kindergarten

Lange musste ich nicht warten,
jetzt bin ich im Kindergarten.
Für Kinder soll es wichtig sein,
dass sie beim Spielen nicht allein.

Doch es gibt auch Zank und Streit,
wenn andere Kinder nicht bereit,
Spielzeug einmal auszuleihen,
und sie deshalb gleich laut schreien.

Auch diese Phase geht vorbei
und schließlich ist es einerlei.
Ich werde einfach Unfug treiben,
dann muss ich hier nicht lange bleiben.

Und es kommt wie's kommen muss,
mein Aufenthalt hier bringt Verdruss.
Deshalb brauch ich nicht mehr hin,
es hatte einfach keinen Sinn.

***

Auf dem Spielplatz

Der nahe Spielplatz ist das Ziel,
man kann erleben dort sehr viel.
Die Mütter warten auf der Bank,
unterdessen gibt es Zank.

Einer hat mit Sand geschmissen,
dann hat der andere gebissen,
noch ein Tritt in seinen Bauch,
jetzt streiten sich die Mütter auch.

„Mein Kind würde das nicht tun",
gackert eine wie ein Huhn.
„Sie sollten mal ihr Kind erziehen!"
Inzwischen wird sehr laut geschrien.

Während die Mütter weiter geifern
und sich immer mehr ereifern,
spielen die Kinder ruhig weiter
und klettern auf die nächste Leiter.

***

Die Schule

Was schon Wilhelm Busch erkannt,
ist bekannt im ganzen Land:
„Und so lautet der Beschluss,
dass der Mensch was lernen muss!"

Mit 6 Jahren ist's soweit,
die Zuckertüte steht bereit.
So will man mit süßen Sachen
Kindern Schule schmackhaft machen.

Doch diese erste Euphorie,
die Schulzeit durch hält sie wohl nie.
Die Lehrer stellen ständig Fragen,
die Schule ist kaum zu ertragen.

Wann hat Goethe wohl gelebt?
Wer nach Indien gestrebt,
hat die Richtung nicht gecheckt
und Amerika entdeckt?

Wo hat Diogenes gepennt
und wie man Siam heute nennt?
Muss man das denn alles wissen?
Ich werde es wohl kaum vermissen!

Man kann bei Google doch nachlesen,
was ist warum und wo gewesen.
Bei Wilhelm Busch gab's Google nicht,
als er verfasste sein Gedicht!

***

Zeugnisse

Mit dem Schuljahr ist bald Schluss,
doch droht vorher noch Verdruss.
Falls man zu einer Schwäche neigt,
wird sie im Zeugnis aufgezeigt.

Man möchte in den Urlaub starten,
die Eltern auf das Zeugnis warten.
So fühlt man vor den Urlaubstagen
ein ausgeprägtes Unbehagen.

Hat der Urlaub dann begonnen,
ist der Ärger meist verronnen.
Doch bald geht es von vorne los,
die Erwartungen sind groß.

Wieder heißt es, ständig lernen.
Ob's was wird, steht in den Sternen.
Und jedes Jahr derselbe Frust.
Auf Schule hab ich keine Lust.

***

Die Lehrer

Als Lehrer hat man es nicht leicht,
weil man die Schüler nicht erreicht.
Dem Schüler geht es ebenso,
gleich nach der Schule ist er froh.

Des Lehrers Sicht ist sonnenklar,
nur wer in seiner Klasse war
ist gewappnet für das Leben,
für die andern geht's daneben.

Die Schule soll den Schüler formen,
vermitteln ihm des Lebens Normen.
Der Schüler fragt sich irgendwann,
welcher Lehrer das wohl kann?

Im Studium auf Lehramt fehlt,
was dann im Leben wirklich zählt.
Und was der Schüler später macht,
wird im Lehrplan nicht bedacht.

Die Kultur ist sicher wichtig,
sie zu lehren durchaus richtig,
doch was in der Welt passiert,
die Schüler gleichfalls interessiert.

Auf das Leben vorbereiten
sollte man ihn doch beizeiten.
Deshalb kommt es darauf an,
was er nach der Schule kann.

Im Beruf den Mann zu stehen,
ob das geht, wird man dann sehen.
Wer in der Schule aufgepasst
und den Sinn halbwegs erfasst,
dem wird auch die Zukunft lachen
und er wird Karriere machen.

***

Erste Liebe

Ich war vierzehn, ungefähr,
da verliebte ich mich sehr.
Sie war reizvoll anzusehen,
und um mich war es geschehen.

Ich hab sie immer angestiert,
doch sie hat nicht reagiert.
Die Liebe hat mich fast verzehrt,
leider hat sie sich gewehrt.

Platonisch war die Liebe nur,
denn sie zeigte sich sehr stur
und ließ sich leider auch nicht küssen,
obwohl Verliebte das doch müssen.

Der Liebeskummer traf mich sehr,
am Leben keine Freude mehr.
Jetzt warte ich nur auf die Zeiten,
in denen Mädels Spaß bereiten.

***

Konfirmation

Als Protestant, mit 14 schon
man feiert die Konfirmation.
Der Pfarrer hat dich schlau gemacht,
fürs Leben dir was beigebracht.

Du weißt, was in der Bibel steht,
und wie das Christentum so geht.
Du durftest ständig Verse lernen,
doch wofür steht in den Sternen.

Jeder kam zur Feier gerne,
aus der Nähe und der Ferne.
An diesem Tag gab es Geschenke,
deshalb ich gerne daran denke.

***

Rauchen

Weil man es bisher nicht gekannt,
findet man es interessant.
Und man probiert es einfach aus,
meist in der Jugend, hinterm Haus.

Verboten war es allemal,
natürlich war uns das egal.
Denn dadurch fühlte man sich frei,
zumal die Eltern nicht dabei.

Natürlich schmeckte es uns nicht,
das war zu sehen im Gesicht:
Es wurde grün und äußerst bleich
und übel war uns auch sogleich.

Viel Vernunft war nicht zugegen,
denn sonst wäre man dagegen.
Von Krebsgefahr war nichts bekannt,
man rauchte ja im ganzen Land.

Die Werbung war so ausgelegt,
dass sie die Jugend sehr bewegt.
Der harte Cowboy auf dem Pferd
von Marlboro hat sich bewährt.

So war das Rauchen eine Pflicht,
sonst ging Erwachsenwerden nicht.
Wer hätte damals denn gedacht,
dass uns das Rauchen süchtig macht?

Viel später kam dann der Versuch,
sich zu befreien von dem Fluch.
Und dabei zeigt sich irgendwann
der wirklich willensstarke Mann.

Denn die Medizin mit Pillen
bringt nichts ohne festen Willen.
Nur absolute Konsequenz
sichert die Raucher-Abstinenz.

***

Die Pubertät

Geheimnisvoll ist diese Zeit,
keiner weiß, wann ist's soweit?
Sind es Pickel im Gesicht?
So genau weiß man es nicht.

Man ahnt auch nicht, wann es beginnt,
wann wird zum Manne dieses Kind?
Woran kann man es erkennen,
wie der Zeitpunkt zu benennen?

Es regt sich jetzt so manch Gefühl,
erstaunlich oft wird es sehr schwül.
Man findet plötzlich Frauen gut,
doch sich zu nähern fehlt der Mut.

Geschwister, Eltern und Verwandte
und viele andere Bekannte
reden äußerst klug daher,
das macht es besonders schwer.

Und mit sorgenvollem Blick
üben Eltern nur Kritik.
Willst du dich mal frei bewegen,
sind die Eltern gleich dagegen.

Hast du abends dich verspätet,
wird sogleich was vorgebetet.
Wenn du hörst: „Du bist zu spät!",
bist du in der Pubertät.

***

Der erste Kuss

Auf dem Schulhof in der Pause,
später auf dem Weg nach Hause,
trafen unsere Blicke sich,
geschehen war es gleich um mich.

Auf den ersten Blick war klar,
dass dies nur der Anfang war.
Ich war gleich verknallt in sie,
sagte mir, ich will nur die.

Ich wollte gerne mit ihr schmusen,
sie hatte einen schönen Busen.
Diese ganz besondere Zierde
weckte gleich bei mir Begierde.

Ansonsten war sie schlank und rank,
wir saßen auf der letzten Bank
auf der Klassenfahrt im Bus,
da kam es dann zum ersten Kuss.

***

Tanzschule

Wenn für die Liebe man bereit
und denkt, jetzt ist es an der Zeit,
sich der Damenwelt zu zeigen,
sollte man auch dazu neigen,
einmal einen Tanz zu wagen
und der Dame Nettes sagen.

Bemühungen in dieser Art
man durch das Internet sich spart.
Den Eindruck Kavalier zu sein
braucht man heute nur zum Schein.
Ob das den Damen wohl gefällt,
wenn man sie übers Netz bestellt?

Kontaktaufnahme mit mehr Stil
den Damen früher sehr gefiel.
Auch führte man sie aufs Parkett,
war immer höflich und sehr nett.
Und um sich richtig zu bewegen,
man musste einen Kurs belegen.

Den Schülern wurde beigebracht,
wie man korrekte Schritte macht.
Erst Quickstepp, Walzer und Foxtrott,
am Anfang langsam und dann flott.
Dann kam Lateinamerika
mit Rumba, Tango und Salsa.

Doch nicht nur Tanzen wird gelehrt,
auch wie man in der Welt verkehrt,
gegenüber Damen sich benimmt
und das Verhalten immer stimmt.
Dies alles wird heut oft vermisst,
unwichtig das Benehmen ist.

Doch die Entwicklung geht voran,
auch im Verhältnis Frau und Mann.
Und viele Damen merken schon,
Missachtung ist vielleicht der Lohn
für Verzicht auf Etikette,
die man manchmal gerne hätte.

***

Das erste Mal

Niemals kennt man ganz genau
die Gefühlswelt einer Frau.
Sie bleibt ein Rätsel für den Mann,
der sie nicht verstehen kann.

Er kann sich leicht in sie verlieben,
folgt dann nur noch seinen Trieben
und wüsste gern, was sie wohl will,
doch sie bleibt hier einfach still.

Kämpfen muss er viele Wochen
bis vielleicht das Eis gebrochen.
Denn er wartet auf die Zeit,
bis sie endlich ist bereit.

Er fühlt sich zu ihr hingezogen,
und plötzlich ist sie ihm gewogen.
Beim Schopf er diese Chance packt,
es kommt zum ersten Liebesakt.

***

Der Führerschein

Spätestens mit 18 Jahren
möchte man selbst Auto fahren.
Ist man das erste Mal am Steuer,
ist es dem Lehrer nicht geheuer.

Denn so einfach ist das nicht,
vor der Kür kommt erst die Pflicht.
Und der Lehrer quält dich sehr
auch in dichtestem Verkehr.

Mit der Zeit auf vielen Strecken
gibt es manches zu entdecken.
Ob Bundesstraßen, Autobahn,
es ist der ganz normale Wahn.

In der Stadt in engen Lücken
ist das Parken voller Tücken.
Geht alles bei der Prüfung glatt,
man kurz danach den Lappen hat.

Jetzt ist die Freude riesengroß,
man bräuchte nur ein Auto bloß.
Die Lösung ist des Vaters Wagen,
man könnte ihn ja einmal fragen.

Danach geht's auf die erste Tour
für eine kurze Rundfahrt nur.
Des Vaters Nerven liegen blank,
er ist zurück, na Gott sei Dank.

***

Endlich wählen

Erst mit 18 darf ich wählen,
will man meine Stimme zählen.
Politisch bin ich nun dabei
und in meiner Meinung frei.

Man will als Wähler mich gewinnen,
die Propaganda kann beginnen.
Schon wirkt man ständig auf mich ein,
ich soll doch Unterstützer sein.

Es wird versprochen allerhand,
das gilt für jedes Bundesland.
Auch in Berlin wird schwer gelogen,
als Bürger werde ich betrogen.

Ist die Wahl erst mal gewonnen,
Wahlversprechen sind zerronnen.
Was im Wahlkampf wird versprochen,
wird danach sehr schnell gebrochen.

Es schreiben die Statistiker,
hört ja nicht auf Politiker.
Sie dienen nur noch der Partei.
Der Wähler ist doch einerlei.

Irgendwann hab ich begriffen,
auf den Wähler wird gepfiffen.
Als Wähler frag ich nach dem Sinn,
ob ich wohl nur noch Stimmvieh bin?

Nur noch wenig Bürger gehen,
und das kann ich gut verstehen,
zum Wählen in das Wahllokal.
Engagement, das war einmal.

Wer seine Wähler ignoriert
und deren Willen nicht notiert,
der unterstützt die Extremisten
auf linken und auf rechten Listen.

Auf Wahlen könnte man verzichten,
da es doch die Bosse richten.
Die Wirtschaft gibt die Richtung an,
weil Politik das nicht mehr kann.

Als Folge ist das Volk frustriert,
Demokratie dabei verliert.
Logisch ist doch allemal,
der Bürger geht nicht mehr zur Wahl.

***

Die Bundeswehr

Kaum war die Schule absolviert,
da war es dann auch schon passiert.
Es gab Wehrpflicht für die meisten,
Dienst fürs Land war nun zu leisten.

Die Bedrohung kam vom Osten,
für den Staat entstanden Kosten.
Soldaten waren angesagt
und junge Männer sehr gefragt.

Man verschwand in der Kaserne,
das geschah meist in der Ferne.
Zwölf Wochen durfte man nicht raus,
die Grundausbildung war ein Graus.

Vorschriftsmäßig war zu grüßen
und richtig gehen mit den Füßen.
Formalausbildung war sehr wichtig,
nur so bewegte man sich richtig.

Wenn einstudiert durch strengen Drill
das, was der Kompaniechef will,
darf die Kaserne man verlassen,
um den Wehrsold zu verprassen.

Doch das Geld war knapp bemessen,
reichte kaum mal für das Essen,
das die Ergänzung zu dem Fraß,
den man in der Kantine aß.

Frühstück täglich um halb sieben,
das war für alle vorgeschrieben.
Gefrühstückt wurde immer schnell,
denn um sieben war Appell.

Wenn alle richtig aufgestellt,
der Spieß hat den Befehl „gebellt".
Sehr oft ging es ins Gelände,
als ob man sich im Krieg befände.

Der Angriff drohe nun schon bald,
doch dieser Krieg war zum Glück „kalt".
Die Politik hat sich gebrüstet,
im Ernstfall sei man gut gerüstet.

Die Praxis hat sehr schnell gezeigt,
dass man zur Übertreibung neigt.
Kraftfahrzeuge und Maschinen,
damit konnte man nicht dienen.
Sie waren selten zu benutzen,
Soldaten durften sie nur putzen.

Was heut beklagt, war früher schon,
die Rüstung nämlich glatter Hohn.
Helikopter, die nicht fliegen,
Rohre, die beim Schuss verbiegen,
Schiffe, die nicht wasserdicht,
so gewinnt man Kriege nicht.

Es ist sicher keine Frage,
beruhigend ist dieser Tage,
die Bundeswehr bleibt defensiv,
sie steckt im eigenen Sumpf zu tief.
Niemand wird es deshalb wagen,
Deutschland in den Krieg zu jagen.

***

Interrail

Bevor das Studium beginnt,
gern man eine Auszeit nimmt.
Darum ist es sehr willkommen,
wenn man nicht sofort genommen.

Und so kann man gerne warten
bis das Studium soll starten.
Um die Zeit zu überbrücken,
müsste eine Reise glücken.

Es könnte durch Europa gehen,
wohin genau, das wird man sehen.
Das Budget ist eher klein,
deshalb heißt es sparsam sein.

Nun bietet sich als Lösung an
nur Interrail, denn damit kann
man durch viele Länder reisen
zu relativ geringen Preisen.

Durch ganz Europa kreuz und quer,
ein solches Ticket muss jetzt her.
Und welche Ziele müssen sein?
Man schaut in seinen Atlas rein,
sucht nach den Highlights in den Ländern.
Muss oft die Reiseroute ändern,
denn der sehenswerten Ziele
gibt es ausgesprochen viele.

Zunächst in Richtung Mittelmeer,
das Klima reizt natürlich sehr.
Barcelona an der Küste
sicher man besuchen müsste.
Auch Lissabon ist ausgewählt,
weil's zu den Favoriten zählt.

Doch vorher geht's zur Côte d´ Azur,
denn man hat einfach im Gespür,
der Aufenthalt könnte sich lohnen,
weil dort viele Promis wohnen.
Der Boulevard de la Croisette
ist doch sicher auch ganz nett.

Nach Portugal und Spanien
geht's weiter nach Italien.
Wenn man Rom gesehen hat,
ist man verliebt in diese Stadt.
Dolce Vita und Geschichte
sieht man gleich in andrem Lichte.

Dann kommen Wien und Budapest,
wo es sich auch gut leben lässt.
Wiener Schmäh und Walzerklänge,
auf dem Naschmarkt das Gedränge,
in Ungarn einmal Gulasch essen,
das alles wird man nie vergessen.

Als nächstes Ziel ist Prag geplant,
so schön wie man es kaum erahnt.
Brücken, Bauten und auch Plätze
sind historisch wahre Schätze.
Will man sie von oben sehen,
sollte auf die Burg man gehen.

Viel weiter geht die Reise nicht,
denn so langsam ruft die Pflicht.
Manche Ziele sind zu weit,
passen gar nicht in die Zeit.
Auch die Kasse ist jetzt leer,
weiterreisen geht nicht mehr.

Eventuell im nächsten Jahr
nimmt man neue Ziele wahr.
Nach Oslo, Stockholm, Kopenhagen
muss man sich gen Norden wagen.
Paris und London sind noch offen.
Da kann man nur noch darauf hoffen,
dass die Reisekasse gut bestückt
und die Urlaubsplanung wieder glückt.

***

Das Studium

Ein Studium ist angesagt,
doch welche Richtung ist gefragt?
Will man ein Berufsziel wählen,
soll auch die Perspektive zählen.

Kann man sich nur schwer entscheiden,
wählt man zwischen diesen beiden:
Lehramt oder BWL,
da entscheidet man sich schnell.

Die Studentenzeit will man genießen,
lässt sie sich durch nichts verdrießen.
Und wenn die Regelzeit nicht reicht,
länger studieren geht doch leicht.

Der Vater wird schon weiter zahlen,
und die Familie leidet Qualen.
Doch schlimmer ist Studentenfrust,
wenn man zum Lernen keine Lust.

Als Student will man auch leben,
sich dem Müßiggang hingeben.
Man muss seine Freunde pflegen
und Klausuren dann verlegen.

Sich mit Kollegen gut vernetzen
ist besser, als zu viel zu hetzen.
Bewährt ist in der ganzen Welt
eine Seilschaft, die gut hält.

Deshalb wer zu schnell studiert
später eher mal verliert.
Beziehung ist das halbe Leben,
der Student muss danach streben.

***

Abschied von Hotel Mama

Im Elternhaus war es bequem,
doch es wird Zeit, jetzt muss ich gehn.
Ich will jetzt nach Freiheit streben
und mein eigenes Leben leben.

Vermissen werd' ich Mutters Kuchen,
ich muss sie deshalb oft besuchen.
Nun muss ich Essen selber kochen,
Pizza gibt es schon seit Wochen.

Weil 'ne Bude schwer zu finden
musste ich mich überwinden.
Die Wohngemeinschaft sollt es sein,
nur schweren Herzens zog ich ein.

Die WG hat viele Tücken,
wie soll ich die nur überbrücken?
Wer Ordnung für sehr wichtig hält
erlebt hier eine neue Welt.

Wer räumt die Spülmaschine ein,
und auf dem Klo! Wer war das Schwein?
Das Bad ist ja total verschmutzt,
wer hat da wieder nicht geputzt?

Auch in der Küche gibt es Streit,
nicht jeder ist zu dem bereit,
wovon die Mitbewohner träumen,
nämlich wieder aufzuräumen.

Müll entsorgen, Wäsche waschen,
zum Container leere Flaschen.
Wir haben keinen Kaffee mehr,
die Dose ist schon wieder leer.

Leer ist auch der Kasten Bier,
kümmert sich denn keiner hier?
Wenn niemand erfüllt seine Pflicht,
geht eine Wohngemeinschaft nicht.

***

Ikea

Noch ist die neue Bude leer,
doch Möbel kaufen ist nicht schwer.
Aus Schweden kommt das Möbelhaus,
da suchst du dir was Schönes aus.

Und in ganz Deutschland findest du
das tollste Angebot im Nu.
Ikea ist nicht weit entfernt,
das hat der Deutsche schnell gelernt.

Ikea hat den Markt im Griff,
das meistens mit dem letzten Pfiff.
Auch im Design kommt niemand mit,
Ikea liefert Hit um Hit.

Da bleiben leider auf der Strecke
die Möbelläden an der Ecke,
die um ihre Kunden werben
und dabei so langsam sterben.

Auch diese Couch, die dir gefällt,
die hast du ziemlich schnell bestellt
damit die Wohnung bald komplett.
Was dir jetzt fehlt ist noch das Bett.

Du bist hier bestens aufgehoben,
Ikea ist auch hier zu loben.
Das Bett kommt aus Rumänien,
im Verkauf gibt's dafür Prämien.

Die Küche ist sehr schnell komplett
und die Bedienung auch noch nett.
Kühlschrank, Herd und Mikrowelle,
alles ist sehr schnell zur Stelle.

Auf Wunsch wird es ins Haus gebracht,
ein Partner die Montage macht.
Sicher bist du sehr zufrieden,
weil du Ärger hast vermieden.

Den handelst du dir jedoch ein,
wenn deine Möbelstücke klein.
Denn du erlebst wahrscheinlich Frust,
wenn du sie selbst montieren musst.

Du bist begabt und hast Talent,
weißt wie die Teile man benennt.
Wenn sie nicht zusammenpassen,
fluchst du: „Das ist nicht zu fassen".

In der Gebrauchsanweisung steht
wie die Montage richtig geht.
Wenn dieser Text noch fehlerfrei,
der Aufbau wär' ‚ne Spielerei.

Eine Übersetzungslücke
füllst du nur mit List und Tücke.
Vielleicht gelingt es dir schon bald,
dass deine Möbel finden Halt.

Sonst kannst Ikea du empfehlen
diesen Werbespruch zu wählen:
„Nutzt du die Küche schon als Koch
oder schraubst du immer noch?"

***

Karriereknick

Jeder möchte gern studieren
und sich dann mit Titeln zieren.
Nicht lange nach dem Studium
schaut man nach einem Job sich um.

Die Perspektive ist perfekt,
was wohl alles in ihm steckt?
Man hat Großes mit ihm vor,
es stehen offen Tür und Tor.

Plötzlich kommt was in die Quere,
das behindert die Karriere.
Gut gebaut, besonders chic,
bewirkt „sie" den Karriereknick.

Es hat gleich bei ihm gefunkt,
jetzt steht sie im Mittelpunkt.
Da sie ihm großes Glück beschert,
ist sie ihm auch Opfer wert.

Prioritäten ändern sich,
und so erklärt er feierlich,
Familie wäre ihm jetzt wichtig,
darauf freue er sich richtig.

Männer, die sich so entscheiden,
sind doch darum zu beneiden.
Und für den Karriereknick
gibt es das Familienglück.

***

Urlaub an der Adria

Für die nächste Urlaubsreise
du vergleichst schon mal die Preise.
Das Ganze soll erschwinglich sein,
und wenn zu teuer, sagst du nein.

Für Reisen in die ferne Welt,
es fehlte dafür dir das Geld.
Nicht Thailand oder Kenia,
es ging nur an die Adria.

Garantierte Urlaubswonne
hattest du im Land der Sonne.
Mit einem Liegestuhl am Strand
den Urlaub man erholsam fand.

Das Wasser war gut temperiert,
damit man hinterher nicht friert.
Man ließ sich in der Sonne grillen,
heute nennt man das wohl chillen.

Bei Mario gab's Eis am Stiel
und das kostete nicht viel.
„Gelati Motta" rief er laut,
der Ruf war allen sehr vertraut.

Im Hotel, das gar nicht weit
kam täglich um die Mittagszeit
ein Teller Pasta auf den Tisch,
danach als Hauptgang manchmal Fisch.

Auch jeden Abend war es schön,
den reich gedeckten Tisch zu sehn.
Dazu eine Karaffe Wein,
so soll es im Urlaub sein.

Italien als Urlaubsziel,
den Deutschen früher gut gefiel.
An ferne Ziele nur zu denken,
das konnte man sich damals schenken.

Ob Asien, Südafrika,
die wenigsten waren schon da.
Oder vielleicht Australien,
das weiter noch als Asien.

Italien als Urlaubsland,
das hat man damals schon erkannt,
ist bei vielen hoch begehrt
und immer eine Reise wert.

***

Heiratsantrag

Es ist die Fragen aller Fragen:
Willst du mit mir die Ehe wagen?
„Ja" musst du zum Pfarrer sagen,
und mich jahrelang ertragen.

Und nach vielen Ehejahren,
wirst du dann vielleicht erfahren,
dass mein tägliches Betragen
Anlass gibt für viele Klagen.

Sollte dich noch Skepsis plagen,
Ungewissheit an dir nagen:
Ich werde dich auf Händen tragen,
an guten und an schlechten Tagen.

***

Die Hochzeit

Jetzt hat die Traumfrau „Ja" gesagt,
sie nun mit mir die Ehe wagt.
Der Termin wird festgelegt,
auch die Eltern sind erregt.

Endlich werden wir ein Paar,
was unser Wunsch schon lange war.
Die Eltern fühlen sich im Glück,
und blicken selbst einmal zurück.

Weil sie vor vielen, vielen Jahren
in genau dieser Rolle waren,
können sie gut nachempfinden,
dass die Kinder sich jetzt binden.

Jetzt steht bald die Hochzeit an,
bei der man richtig feiern kann.
Sicher kommen viele Gäste
zu dem schönsten aller Feste.

Wir erwarten die Verwandten,
Schwestern, Brüder und die Tanten.
Auch die Freunde werden kommen,
alle, die vom Glück vernommen.

Doch den Abend vor dem Feste
halten manche für das Beste.
Auf dass die Ehe allzeit glücke,
schmeißt man Porzellan in Stücke.

Und alle fühlen sich sehr wohl,
die meisten trinken Alkohol.
Die Folgen sind deshalb fatal,
der nächste Morgen wird zur Qual.

Die Trauung findet trotzdem statt,
weil man es doch versprochen hat.
Und wenn der Kopf ist wieder klar,
nimmt man das Glück erst richtig wahr.

***

Flitterwochen

Nach der Hochzeit geht's auf Reisen,
um der Liebsten zu beweisen,
Hochzeitsreisen sind Symbole,
die ich ihr vom Himmel hole.

Die Reise dient wohl auch als Test,
denn dabei stellen beide fest,
wie die Beziehung sich so macht,
wenn man zusammen Tag und Nacht.

Allerdings aus heut'ger Sicht,
gilt das bei den meisten nicht.
Wer vorher schon zusammenzieht,
den Partner „ungeschminkt" ansieht,
ist doch auf alles schon gefasst
und weiß, ob die Verbindung passt.

Überraschung ausgeschlossen,
man hat vorher schon genossen
was für die Ehe reserviert,
sofern die Braut sich nicht sehr ziert.

Die Tradition ist nichts mehr wert,
weil sich heut' niemand darum schert.
Nach Moral ist nicht zu streben,
man zieht vor das „Lotterleben".

Ob eine Ehe wirklich hält
hat sich schon bald herausgestellt.
Die Flitterwochen sind vorbei,
es kommt das Ehe-Einerlei.

Jetzt zeigt sich die wahre Liebe.
Jeder wünscht, dass es so bliebe.
Alltag folgt den Flitterwochen,
manches Herz wird jetzt gebrochen.

Erst nach Jahren wird sich zeigen,
ob sie beide dazu neigen,
um die Zukunft zu gestalten,
ihr Versprechen auch zu halten.

***

Die Bewerbung

Wer einen neuen Job anstrebt,
hat ähnliches wohl auch erlebt:
Man bewirbt sich formvollendet,
wenn man die Bewerbung sendet.
Geht das gut und hat man Glück,
kommt vielleicht ein Brief zurück.

Ein Gespräch ist angesagt,
in dem man den Bewerber fragt,
wo er seine Stärken sieht,
welches Gehalt er jetzt bezieht,
und was er sich so vorgestellt,
damit der Job ihm auch gefällt.

Auf den Eindruck kommt es an,
den man hierbei machen kann.
Die größte Mühe man sich gibt
und es manchmal doch versiebt.
Selbst wenn man der Beste war,
ist der Job noch lang' nicht klar.

***

Kirchenaustritt

Kirche und Religion sind wichtig,
lange hielt ich das für richtig.
Ich zahlte Kirchensteuer brav,
die Kirche hielt mich für ein Schaf.
Wer auf die Bibel hat geschworen,
wird auch wie ein Schaf geschoren.

Doch hat man das System erkannt,
ist die Gefahr ganz schnell gebannt.
Tritt man aus in frühen Jahren,
kann man Kirchensteuer sparen.
Und trotzdem fließt noch Steuergeld,
weil es der Politik gefällt.

Dass die Kirche sehr gerissen,
sollte doch wohl jeder wissen.
Nicht alles, was die Kirche tut,
ist für die Steuerzahler gut.
Womit die Kirche manchmal prahlt,
hat allzu oft der Staat bezahlt.

***

Der Mann mit 40 Jahren

Um die Tradition zu wahren,
hat ein Mann mit 40 Jahren
zu erfüllen diese Pflichten:
Erst muss er ein Haus errichten.

Hat umgesetzt er diesen Traum,
soll er auch pflanzen einen Baum.
Und als nächstes kommt dann schon,
er soll zeugen einen Sohn.

Sollte es ein Mädchen werden,
ist auch dies ein Glück auf Erden.
Die Eltern sind doch sowieso
auch über diesen Nachwuchs froh.

***

Winterurlaub

Nicht mehr lange wird es dauern,
dann geht es in die Hohen Tauern.
Ein Top-Hotel ist schon gebucht,
das die Familie ausgesucht.

Man fährt für eine Woche bloß,
trotzdem ist der Aufwand groß.
Skiträger auf dem Dach montiert,
Klamotten, damit man nicht friert.

Und eingekauft wird, wie noch nie.
Man brauchte dringend neue Ski.
Das Outfit ist nicht mehr modern,
es gibt was Neues für den Herrn.

Und für den Abend in der Bar,
da will sie chic sein, ist doch klar.
Doch was im letzten Jahr noch gut,
das anzuziehen, fehlt der Mut.

Also kauft sie noch ganz schnell
Mode, die jetzt aktuell.
Viele neue, schöne Sachen,
die im Urlaub Freude machen.

Während sie Gepäck verstaut,
er mal nach dem Wetter schaut.
Die Prognose ist nicht schlecht,
nur noch etwas Schnee wär' recht.

Die nächsten Tage kommt ein Tief,
das sieht er äußerst positiv.
Das wird sicher Neuschnee bringen,
dann wird der Urlaub schon gelingen.

Endlich beginnt die Urlaubszeit,
man für die Reise ist bereit.
Morgens früh der Start geplant,
es passiert, was niemand ahnt.

Denn der Schnee kommt über Nacht,
was die Reise schwierig macht.
Winterreifen und Schneeketten
könnten jetzt vorm Chaos retten.

Doch wer hat Ketten schon dabei?
Die Straßen sind doch meistens frei.
Nur dieses Jahr ist es fatal,
die Anfahrt wird zur reinsten Qual.

Abends das Hotel erreicht,
jeden das Gefühl beschleicht,
dass dieser Urlaub kann misslingen.
Was wohl die nächsten Tage bringen?

Am nächsten Morgen scheint die Sonne,
Skifahren ist die reinste Wonne.
Überall liegt Pulverschnee,
auf geht es zum Jagertee.

Bei der Abfahrt auf der Piste,
sagt sie zu ihm nur: „Siehste!"

***

Das eigene Haus

Nach langer Zeit ist es soweit,
zum Hausbau bist du jetzt bereit.
Du wirst das Angebot vergleichen
und schaun, ob die Finanzen reichen.

Eine Bank, die dein Vertrauen,
rät dir, das Objekt zu bauen.
Sie bietet beste Konditionen,
im Eigentum kannst du bald wohnen.

Du unterschreibst jetzt Formulare
und bindest dich für viele Jahre.
Du bekommst ein eigenes Haus
und lieferst dich den Banken aus.

Sind Verträge abgeschlossen,
geht's ans Bauen unverdrossen.
Dein Optimismus war verfrüht,
du hast vergeblich dich bemüht.

Wenn man beginnt, dein Haus zu bauen,
wird man dir vorher Humus klauen.
Für das, was auf dem Grundstück liegt,
die Firma gute Preise kriegt.

Willst du gestalten deinen Garten,
musst du nicht lange darauf warten,
bis Mutterboden wird empfohlen,
den man dir vorher hat gestohlen.

Hat dieser Vorgang dich verstimmt,
das Unheil seinen Fortgang nimmt.
Verträge sind jetzt Schall und Rauch,
das weiß der Auftragnehmer auch.

Auch wenn als Kunde du im Recht,
ist deine Position oft schlecht.
Vielleicht gewinnst du diesen Streit,
doch fehlt dir dafür wohl die Zeit.

Und weiter geht's beim Fundament.
Da gibt es Mängel beim Zement.
Wenn irgendwann der Rohbau steht,
weiß keiner, wie es weitergeht.

Der Innenausbau steht jetzt an,
und wieder man sich ärgern kann.
Kaum ein Gewerk geht so vonstatten,
wie alle es versprochen hatten.

Ein Handwerker hält normal nicht,
was dem Bauherrn er verspricht.
Es tut ihm Leid, beteuert er,
doch der Termin war ungefähr.

Der Bau verzögert sich total,
als Bauherr hat man keine Wahl.
Man hofft in Demut auf das Ende,
und dass man endlich Ruhe fände.

Wenn der Termin zum Einzug steht,
obwohl das eigentlich nicht geht,
wird irgendwann doch eingezogen,
als Bauherr fühlst du dich betrogen.

Der Pfusch am Bau ist ganz normal,
und es geht weiter mit der Qual.
Fertig ist das Haus noch nicht,
doch das ist nur deine Sicht.

Nacharbeiten haben Zeit,
niemand ist dazu bereit.
Jetzt ist von dir Geduld gefragt,
bis man dir endlich einmal sagt,
fertig wird ihr Haus im Mai,
da haben wir Termine frei.

Sicher stellst du dir die Frage,
kommst dabei noch mal in Rage,
hat sich all das nun gelohnt,
damit im Eigenheim man wohnt?

***

Die Einrichtung

Als Bauherr weiß man zu berichten,
ein neues Haus ist einzurichten.
Doch wie soll es einmal sein?
Superchic und Top-Design?

Oder auf Antik gebracht,
was die Sache teuer macht?
Es wird geplant und kalkuliert,
bis man die Übersicht verliert.

Immer gibt's im Freundeskreis,
einen, der es besser weiß.
Doch man kann darauf verzichten,
muss es schließlich selber richten.

Die Entscheidung trifft man gerne,
man entschließt sich fürs Moderne.
Denn heller Lack mit Edelstahl
ist für das Haus die beste Wahl.

Möbel von Charles Eames und Knoll,
die sind ganz besonders toll.
Artemide für das Licht,
wer kennt Tolomeo nicht?

Und die Böden sind aus Stein,
denn ins Haus muss Marmor rein.
Feinste Stoffe, die von JAB,
runden die Gestaltung ab.

Und steht erst der Einzug an,
man sich richtig freuen kann.
Es machte Sinn, das ganze Streben,
man kann in diesem Haus jetzt leben.

***

Die Midlifecrisis

Die Midlifecrisis bringt dem Mann
den Glauben, dass er alles kann.
Kleiner Bauch und wenig Haare,
das passiert im Lauf der Jahre.

Seiner Wirkung auf die Frauen
will er immer noch vertrauen.
Doch erste Kratzer sind im Lack,
das sehen Frauen mit Geschmack.

Zu ihm hält nur die Ehefrau,
die verhält sich nämlich schlau,
weil die Krise geht vorüber,
wenig später lacht man drüber.

***

Shoppen

Wenn Mann und Frau zum Shoppen gehen,
wird er die Frau wohl gut verstehen.
In die Abteilung mit Dessous
da folgt er ihr noch auf dem Fuß.

Doch wo schicke Kleider hängen,
muss sie ihn schon eher drängen.
Hat sie ein Gewand gefunden,
dauert es bestimmt noch Stunden.

Denn es ist doch völlig klar,
dass das nicht das Ende war.
Zum Kleid die Tasche muss noch her,
und die zu finden ist sehr schwer.

Er hat sich in Geduld geübt,
die Miene hat sich eingetrübt,
denn es kommt die nächste Masche:
sie braucht Schuhe für die Tasche.

Doch auch das ist nicht das Ende,
es fehlt Schmuck für ihre Hände.
Sie ist endlich runderneuert
als sie ihrem Mann beteuert:

Mein Liebling, du bist wunderbar,
von Anfang an war mir das klar.
Mit dir ich gern zum Shoppen starte,
auch lieb' ich deine Visakarte.

***

In der Oper

Für einen ist es Kunstgenuss,
der andere wohl leiden muss.
Die Opernhäuser dieser Welt
kosten den Steuerzahler Geld.

Die Häuser wären schon längst dicht,
denn Eintrittsgelder reichen nicht.
Doch die Kultur wird unterstützt,
auch wenn sie längst nicht allen nützt.

Weil man kann auf Steuern hoffen,
ist die Kunst für jeden offen.
Das Publikum weiß dies zu schätzen,
und strebt schon früh nach guten Plätzen.

Weil Opernabende sind toll,
sind Opernhäuser meistens voll.
Es ist der reinste Ohrenschmaus,
doch das gilt nicht für Richard Strauss.

Auch Wagner ist schwer zu ertragen,
man merkt es häufig noch nach Tagen.
Zu lange sitzen ist nicht gut.
Was man für Wagner alles tut!

Leichter fällt es in Verona
im Rund der römischen Arena.
Es kommt schon einem Volksfest gleich,
hier trifft sich wirklich Arm und Reich.

Auf den meisten oberen Rängen
die Leute sich zum Picknick drängen.
Im Parkett in Abendrobe
hat man keinen Sinn fürs Grobe.

Es ist ein Fest für alle Sinne,
deshalb zu schwärmen ich beginne.
Rossini, Verdi und Bizet,
das ist nun wirklich kein Klischee.

Einmal Verona zu erleben,
danach sollte jeder streben!

***

Beim Friseur

Es meint die Frau, es sei soweit,
für den Friseur wär's wieder Zeit.
„Deine Frisur ist nicht mehr in,
ein neuer Haarschnitt ist jetzt drin."
Also meldest du dich an,
in zwei Tagen bist du dran.

Hast du den Salon betreten,
wirst du erst einmal gebeten,
dich noch in Geduld zu üben,
bis bei der Dame, die dort drüben
sitzt mit roten Locken,
die Frisur wird wieder trocken.

Jetzt kannst du Illustrierte lesen,
erfährst, was alles ist gewesen
in der Welt der Prominenten.
Meistens sind das leider Enten.
Wann kommt im Königshaus das Kind,
wen schickt Madonna in den Wind?

Was so in der Welt passiert
und eigentlich nicht interessiert,
das liest du im Friseursalon.
Du kriegst 'ne Vorstellung davon,
womit die „Bunte" und dergleichen
die Leserinnen leicht erreichen.

Die Presse findet stets Gehör
durch das Warten beim Friseur.
Den Kopf ein neuer Haarschnitt ziert,
und man ist bestens informiert.

***

Safari

Einmal auf Safari gehen
und die großen Tiere sehen.
Das war lange schon sein Ziel,
weil Afrika ihm sehr gefiel.

Er hat Namibia gewählt,
weil Freunde davon viel erzählt.
Das sei ein wunderschönes Land,
in dem man Urlaubsglück empfand.

Irgendwann war es soweit,
auch die Frau war nun bereit,
diese Reise bald zu wagen,
doch es blieben viele Fragen.

Was kann alles dort passieren,
hat man Angst vor wilden Tieren?
Wie stellt man sich nur darauf ein?
Ein Schlangenbiss kann tödlich sein.

Auch Skorpione sind gemein,
die beißen vielleicht in dein Bein.
Und ein Nashorn voller Zorn
nimmt dich gerne auf sein Horn.

Elefanten kommen daher,
sie wirken träge und sehr schwer.
Doch sie machen alles platt,
wenn man sie verärgert hat.

Die Menschen in dem fremden Land
sind uns auch völlig unbekannt.
Ist man freundlich zu Touristen?
In welchem Zustand sind die Pisten?

Es gibt wirklich viele Fragen,
die uns vor der Reise plagen.
Mit Optimismus geht es los
und die Erwartungen sind groß.

Die Freude könnt' nicht größer sein,
kommt man in dieses Land hinein.
Die Fahrt vom Airport in die Stadt,
am Anfang schon beeindruckt hat.

Die Hoffnung hatte nicht getrogen,
alle Bedenken sind verflogen.
Verhält man sich hier angemessen,
kann man die Gefahr vergessen.

Vielleicht hat man die erste Nacht
in einer Gästefarm verbracht,
wo man erlebt das Land sehr nah
und ahnt, was früher hier geschah.

Der Mensch war eins mit der Natur,
es ging ums Überleben nur.
Das Fleisch der Tiere war gefragt,
nur deshalb wurden sie gejagt.

Leider jagt man heut' Trophäen,
das Ergebnis kann man sehen.
Manche Farmer voller Glück
hängen an die Wand das Stück.

Doch es gibt auch schlimme Sachen,
die wirklich keine Freude machen.
Elefanten werden erschossen,
weil man sammelt unverdrossen
Elfenbein, das sehr viel bringt,
wenn der Verkauf im Markt gelingt.

So manches Nashorn wird gejagt,
weil in Fernost das Horn gefragt,
das zu empfehlen für den Mann,
damit beim Sex er länger kann.
Nur weil ein Mann fühlt sich in Nöten,
muss man die armen Tiere töten?

Heute macht man vieles richtig,
hält Tourismus für sehr wichtig,
Die Tiere werden jetzt geschützt,
weil das dem Tourismus nützt.

Spannung gibt es jeden Tag,
woran das wohl liegen mag?
Am Wasserloch auf Tiere lauern,
das kann manchmal etwas dauern.
Doch mit Glück kann man erleben,
wie sie dann zum Wasser streben.

Mit dem Foto Tiere schießen,
Sundowner im Busch genießen.
Die Etoshapfanne sehen
oder durch die Namib gehen.
Der Kalahari roter Sand.
Dies ist ein wundervolles Land!

***

Im Flugzeug

Von A nach B wird schnell gebracht,
wer Reisen mit dem Flieger macht.
Doch nur, wer erster Klasse fliegt,
auch den besten Service kriegt.
Ansonsten ist inzwischen klar,
dass Fliegen früher besser war.

Inzwischen wird gespart wo's geht,
sich wenig um den Service dreht.
Und wenn du Pech hast, wird gestreikt,
weil man nicht selten dazu neigt,
die Flieger einfach stillzulegen,
um Tarifpartner zu bewegen.

Oft fangen die Piloten an
und danach sind die Lotsen dran.
Und wir wollen nicht vergessen,
dabei sind auch die Stewardessen.
Es folgt das Bodenpersonal.
Für Reisende die reinste Qual.

Und wenn der Flieger pünktlich fliegt,
man vorher manche Krise kriegt.
Damit der Flug auch sicher bleibt,
man dich durch eine Schleuse treibt.
Dein Handgepäck wird kontrolliert,
so mancher die Geduld verliert.

Auch will man deine Schuhe sehen,
kaum jemand wird das je verstehen.
Doch hast du Sprengstoff in der Sohle,
will man der Fliegerei zum Wohle
die drohende Gefahr vermindern
und die geplante Tat verhindern.

Kaum an Bord, dann stellst du fest,
dass man dich jetzt leiden lässt.
Der Sitz ist viel zu eng bemessen,
du hast bequemer schon gesessen.
Vielleicht hilft eines dir zum Trost:
Tomatensaft bestellen, Prost!

***

Ein Ehrenamt

Die Pension ist nicht mehr weit,
da erklärt man sich bereit
und übernimmt ein Ehrenamt,
was von vielen anerkannt.

Man engagiert sich nun für alle
und tappt dabei in manche Falle,
bekommt dafür noch Spott und Hohn.
Das ist doch kein gerechter Lohn!

Nur Fehler werden honoriert,
so dass man bald die Lust verliert.
Da das immer weitergeht
und kaum jemand es versteht,
einmal „danke schön" zu sagen,
ist es nicht mehr zu ertragen.

Und es kommt, wie's kommen muss,
allzu groß ist der Verdruss.
Also macht man nicht mehr weiter,
vielleicht sind andere gescheiter.

Denn wenn Dankbarkeit nicht drin,
dann schmeißt man die Brocken hin.
Und zieht dann daraus diese Lehre:
Das Ehrenamt bringt selten Ehre.

***

Eine Kreuzfahrt

Viele Menschen danach streben
eine Kreuzfahrt zu erleben.
Sehr beliebt sind diese Reisen,
die zu wahren Schnäppchenpreisen
einfach sehr verlockend sind
für Vater, Mutter und das Kind.

Die Reisen sind nicht alle gleich,
es gibt sie für Arm und Reich.
Natürlich geht es exklusiv,
dann greifst du in die Tasche tief.
Doch gibt es auch die Riesenkähne,
die ich gar nicht gern erwähne.

Denn bei diesen großen Schiffen
hat man eines nicht begriffen:
Wenn man verliert hier jedes Maß,
dann macht der Urlaub keinen Spaß.
Massentourismus ist fatal,
das sieht man auch im Speisesaal.

An der Tür wird schon gedrängelt.
Mancher sich nach vorne schlängelt,
damit er schnell an seinem Platz,
wo beginnt erneut die Hatz:
Als erster das Buffet erreichen,
dafür kämpft er ohnegleichen.

Wer sich auf diesen Urlaub freut,
vielleicht die Buchung bald bereut.
Durch manche Gäste, ohne Frage,
wird diese Kreuzfahrt schnell zur Plage.
Auch beim Landausflug gibt es
durch die Menge sehr leicht Stress.

Wenn wir an Venedig denken,
wer soll die Touristen lenken?
Die Menschen strömen in die Stadt,
die sicher viel zu bieten hat.
Die Stadt wird in Besitz genommen,
irgendwann wird sie verkommen.

Bewohner sehen die Gefahr,
Venedig, das so wunderbar,
wird wohl irgendwann zerstört,
weil niemand auf die Warnung hört.
Tourismus bringt zwar schnelles Geld,
leider beschädigt er die Welt.

Wenn schon auf den Ozean,
gibt es einen anderen Plan.
Wähl ein Schiff, das etwas kleiner
und die Gesellschaft etwas feiner.
Das ist zwar keine Garantie,
die gibt's im Urlaub leider nie.

Doch geht es nicht so hektisch zu,
was passiert, bestimmst noch du.
Zum Dinner wird sich umgezogen,
der Service ist dir sehr gewogen.
Hält man dich auch noch für wichtig,
sitzt du beim Captain's Dinner richtig.

Beim Captain sitzen alte Tanten,
die sich schmücken mit Brillanten.
Man zeigt, was man so hat und kann,
und schmeißt sich an den Captain ran.
Liebst du diese Art zu reisen,
wirst du es merken an den Preisen.

Auch wenn die Kreuzfahrtbranche brummt,
manch Kritiker deshalb verstummt.
Die Riesen auf dem Ozean
mit Menschen, die im Urlaubswahn,
sind nicht der Weisheit letzter Schluss.
Den Urlaub ich nicht haben muss!

***

Zu dick?

Der Spiegel sagt dir ganz genau,
was auch bestätigt deine Frau:
Du bist zu klein für dein Gewicht,
verordnet wird dir jetzt Verzicht.

Alkohol und fette Sachen
deinen Bauch noch dicker machen.
Diät ist sofort angesagt,
Obst und Gemüse sind gefragt.

Was du liebst, wird man jetzt streichen,
damit will man schnell erreichen,
dass dir die Hosen wieder passen,
die du im Schrank hast hängen lassen.

Irgendwann wirst du begreifen,
Hosen, die im Bund jetzt kneifen,
kannst in Zukunft du nur tragen
nach entbehrungsreichen Tagen.

Bei Diäten musst du leiden
und das lässt sich kaum vermeiden.
Jetzt steht die Überlegung an,
wie man das verhindern kann.

Alte Hosen zu vernichten,
nicht nach Fastenplänen richten,
bedeutet Lebensqualität,
die ist unmöglich mit Diät.

Drum akzeptiere die Figur
und trage weite Hosen nur.
Nicht den Appetit beklagen,
auch an Süßigkeiten wagen.

Nimm Kilozuwachs einfach hin,
dann macht Leben wirklich Sinn,
und gute Laune stellt sich ein.
Nun kannst du wieder glücklich sein.

***

50 Jahre Ehe

Eheschließung: Grüne Hochzeit

Ich weiß noch, wie es früher war:
Man versprach sich vorm Altar,
sich zu helfen in der Not,
und treu zu sein bis in den Tod.

Die Ehe sollte ewig halten,
zusammen wollte man gestalten
das Glück in all den vielen Jahren,
auf Dauer wollte man's bewahren.

Man kriegte Kinder in der Ehe,
damit der gute Ruf bestehe.
Doch heute ist das einerlei,
die Kinder sind oft schon dabei
wenn die Trauung angesagt.
Und häufig werden sie gefragt,
ob sie gerne Blumen streuen,
um die Eltern zu erfreuen.

10 Jahre: Rosenhochzeit

Nach 10 Jahren war's soweit,
nach ziemlich kurzer Ehezeit,
Rosenhochzeit man sie nannte,
damals sie noch jeder kannte.

Heute halten kaum noch Ehen,
nur wenige so lang bestehen.
Mancher empfindet sie als Qual
und die Trennung ist normal.

25 Jahre: Silberhochzeit

Fünfzehn Jahre später dann
ist die Silberhochzeit dran.
Man blickt auf lange Zeit zurück
und freut sich über großes Glück.

40 Jahre: Rubinhochzeit

Nach 40 Jahren kommt „Rubin",
das reimt sich leider auf Ruin,
doch es kommen schöne Zeiten,
will den Partner man begleiten.

50 Jahre: Goldene Hochzeit

Goldene Hochzeit zu erreichen
ist ein Erlebnis sondergleichen.
Man freut sich sehr und ist verwundert.
Das war die Hälfte vom Jahrhundert.

***

Krank im Wartezimmer

Im Leben wird man auch mal krank,
doch es gibt Ärzte, Gott sei Dank.
Andre trifft es oft noch schlimmer,
hör dich um im Wartezimmer.

Man wartet meistens nicht allein,
deshalb erfährt man fremde Pein.
Die Dame, die am Fenster sitzt
und selbst bei großer Kälte schwitzt.

Der Gärtner, er hat ständig Rücken,
denn er muss sich häufig bücken.
Die Oma mit den dicken Beinen,
vor Schmerzen muss sie immer weinen.

Daneben sitzt ein alter Mann,
der nicht mehr richtig hören kann.
Und Mutter, Kind, die ganze Sippe,
die leidet wohl grad unter Grippe.

Und du siehst jetzt wohl endlich ein,
dass dein beklagtes Zipperlein
nicht wirklich eine Krankheit ist
und du nur Hypochonder bist.

***

Kommunikation im Wandel

Einst setzte man sich ruhig hin
und formulierte, meist mit Sinn.
Das war, als man noch Briefe schrieb
und dabei meist auch höflich blieb.

Fehlerfrei zu formulieren,
damit konnte man sich zieren.
Heute ist das nicht mehr üblich,
und das finde ich betrüblich.

Man kontaktet elektronisch,
Rechtschreibschwäche ist schon chronisch.
Grammatik wird nicht mehr verlangt,
daran die Sprache heute krankt.

Bei Facebook, Twitter und dergleichen,
da kann man Freunde schnell erreichen.
Was sich schon lang nicht mehr geziemt,
sind Briefe, die längst ausgedient.

Und was die Werbung uns beschert,
ist doch das Honorar nicht wert.
Die Werbung zeigt uns beinah täglich,
dass Werbetexter oft sehr kläglich
unsre Sprache schlimm verbiegen,
nur um ein Honorar zu kriegen.

Der Konsument nimmt selten wahr,
dass alles eine Lüge war.
In der Sprache sie entgleisen,
wenn sie ein Produkt anpreisen.

Dabei sollten wir bedenken,
es wird uns niemand etwas schenken.
Es kostet doch am Ende nur
unsere deutsche Sprachkultur.

***

Im Krankenhaus

Schaut es um dich mal böse aus,
musst du vielleicht ins Krankenhaus.
Kannst dich plötzlich nicht mehr bücken,
weil entsetzlich schmerzt der Rücken.

Vielleicht auch der Verdauungstrakt,
wo schwere Krämpfe dich gepackt.
Und macht der Kreislauf auch noch schlapp,
bringt das den Notarzt gar auf Trapp.

Selbst wenn du einen Unfall hast,
'nen wichtigen Termin verpasst,
wenn du als Notfall dort kommst an,
man dich nicht gleich behandeln kann.

Erst will man wissen, wer du bist
und wer die Versicherung ist.
Die Klinik achtet auf Gewinn,
nicht jeder Einsatz macht da Sinn.

Irgendwann bist du im Zimmer,
doch das funktioniert nicht immer.
Man schiebt dein Bett erst auf den Flur,
angeblich für zwei Tage nur.

Kommst du danach auf die Station,
dein Bettnachbar, der wartet schon.
Du richtest dich jetzt häuslich ein,
vielleicht muss es für länger sein.

Unruhig bist du in der Nacht,
was man wohl morgen mit dir macht?
Noch in der Nacht wirst du geweckt,
man sagt dir nicht, was man bezweckt.

Die Schwester macht das „Flutlicht" an,
damit man nicht mehr schlafen kann.
Du wirst aus dem Schlaf gerissen,
wirst dein eignes Bett vermissen.

Dann kommt die Schwester an dein Bett
und verkündet dir ganz nett,
beinah hätte man vergessen,
deinen Blutdruck noch zu messen.

Das Licht ist an und du bist wach,
jetzt droht erneutes Ungemach.
Du denkst, was da wohl kommen mag?
Was passiert hier erst am Tag?

Dann vergeht 'ne lange Zeit
bis das Frühstück steht bereit.
Natürlich ist das kein Genuss,
doch irgendwas man essen muss.

Bei der Visite siehst du sie,
die ganze Ärztekompanie.
Oberarzt und Assistenten,
praktizierende Studenten.

Jeder möchte dich nun sehen,
um die Krankheit zu verstehen.
Die Behandlung wird besprochen,
die Genesung dauert Wochen.

Geräte werden ausprobiert,
sie werden dadurch finanziert.
„Patienten stehn im Vordergrund",
hört man aus des Arztes Mund.

Doch hat man seltener erlebt,
dass die Verwaltung danach strebt.
Die schaut, was die Kassen zahlen,
nämlich nur die Fallpauschalen.

Gar nichts lässt man unversucht,
damit das Haus Gewinn verbucht.
Und wenn der Arzt mehr „Umsatz" macht,
wird er mit Prämien bedacht.

Um 11 Uhr gibt es ein Gericht,
das fördert die Genesung nicht.
Sonst isst du vielleicht um ½ 2,
doch das ist hier einerlei.

Wirst du irgendwann entlassen,
geht die Rechnung an die Kassen.
Wirst du wirklich ganz gesund,
das Krankenhaus ist kaum der Grund.

Du hast hinter dich gebracht,
was Mediziner sich erdacht.
Doch zur Genesung braucht es mehr.
Die Atmosphäre hilft da sehr.
Im Krankenhaus stimmt die meist nicht.
Man denke dabei nur ans Licht!

***

Im Ruhestand

Nach einem langen Arbeitsleben
viele sehr nach Ruhe streben.
Doch ist das Leben auch nicht leicht,
hat man den Ruhestand erreicht.

All das was man aufgeschoben
und für später aufgehoben,
soll jetzt möglichst schnell gelingen,
leider lässt sich nichts erzwingen.

Viele Bücher, ungelesen,
sind doch Deko nur gewesen.
Dias, Filme und Dateien,
da muss endlich Ordnung sein.

Reisen, die man oft versprochen,
und dann wieder abgebrochen.
Was niemals deine Frau erahnt,
das alles wird jetzt eingeplant.

Auch wenn man länger schlafen kann,
man ist erwacht, schon denkt man dran:
Was ist wohl heute meine Pflicht,
denn Freizeit hat ein Rentner nicht.
Jetzt leuchtet doch wohl jedem ein,
der Ruhestand ist eine Pein.

***

Man wird älter

Es lässt sich leider nicht vermeiden:
Im Alter kommt so manches Leiden.
Bewegungsschwäche stellt sich ein
und manch anderes Zipperlein.

Der Rücken meldet sich schon bald,
signalisiert dir: Du wirst alt.
Auch die Augen lassen nach,
es droht erneutes Ungemach.

Den Sehtest wirst du nicht bestehen,
es muss bald ohne Auto gehen.
Auf vieles du verzichten musst,
am Ende bleibt dir nur noch Frust.

Mit der Zeit stört dich auch sehr
das schwächer werdende Gehör.
Auch wenn es gegen deinen Willen,
der Arzt verschreibt dir viele Pillen.

So allerhand passiert mit dir,
doch schmecken dir noch Wein und Bier.
Das Leben hat noch seinen Reiz,
und dir ist fremd das Wörtchen „Geiz".

Dann kümmert man sich um dein Wohl,
verbietet dir den Alkohol.
Du sollst jetzt nach Gesundheit streben,
das sichert dir ein langes Leben.

Darüber hast du nachgedacht
und fragst dich, welchen Sinn es macht,
wenn alles, was dir lebenswert,
man nun im Alter dir verwehrt.

***

Die Natur

Ist man reicher schon an Jahren,
sollte man den Blick bewahren
für die Schönheit der Natur.
Berge, Seen, Wald und Flur
beeindrucken zu jeder Zeit,
doch wer ist schon dafür bereit?

Zunächst man durch das Leben jagt,
den Blick nach rechts und links nicht wagt.
Dadurch wird man viel verpassen,
das wird man im Alter lassen.
Die Sehkraft lässt zwar manchmal nach,
doch die Gefühle sind noch wach.

Deshalb sieht man im Alter dann,
was die Natur so alles kann.
Nur die Forscher und Erfinder,
und vielleicht noch kleine Kinder,
haben wohl den gleichen Blick
und empfinden dabei Glück.

***

Altersheim

Ein Rentner kostet nur noch Geld
und passt nicht mehr in diese Welt.
Deshalb wird er abgeschoben,
ein Problem wird so behoben.

Das Altersheim heut' anders heißt,
was jedoch keineswegs beweist,
dass es dadurch besser wäre,
denn es bleibt die Atmosphäre.

Was man Residenz jetzt nennt
und demzufolge oft verkennt,
ist oft noch immer eine Qual,
ein langer Weg durchs Jammertal.

Das Leben ist jetzt monoton,
man wartet auf das Ende schon.
Hier wird man nur noch „aufbewahrt"
und eines Tages aufgebahrt.

***

Wie ein Blatt vom Baume fällt,
so fällt ein Mensch aus seiner Welt.
Die Vögel singen weiter.

(Matthias Claudius, 1740-1815)